108 citations

d'Amma

sur l'amour

108 citations d'Amma sur l'amour

Publié par :
 M.A. Center
 P.O. Box 613
 San Ramon, CA 94583
 États-Unis

—————————— 108 Quotes on Love (French) ——————————

En France :
 www.ammafrance.org

En Inde:
 inform@amritapuri.org
 www.amritapuri.org

1

L'amour est notre essence véritable. L'amour n'a pas de limites de caste, de religion, de race ou de nationalité. Nous sommes tous des perles enfilées sur un même fil d'amour. C'est le vrai but de la vie humaine que d'éveiller cette unité et de diffuser cet amour, notre nature intrinsèque.

2

Est-ce que j'aime vraiment ou suis-je trop attaché ? Contemplez cette question profondément, autant que vous le pouvez. La plupart des gens sont en demande d'attachement, pas d'amour réel. Dans un sens, nous nous trahissons nous-mêmes. Nous prenons l'attachement pour de l'amour. L'amour est le centre et l'attachement est la périphérie. Cherchez à atteindre le centre.

3

C'est dans le cœur que réside la beauté. La vraie beauté, c'est d'aimer tous les êtres ; un tel amour met en valeur à la fois celui qui le donne et celui qui le reçoit. La beauté des yeux ne réside pas dans le trait noir qui les souligne, mais dans un regard plein de compassion. Le sourire qui vient illuminer un visage rayonnant d'amour est le plus beau qui soit.

4

La plupart d'entre nous ne considèrent que leurs pertes. Nous oublions ce que nous pouvons obtenir de plus précieux dans la vie : l'amour. Laissez vos esprits s'épanouir pleinement et vous goûterez le parfum de l'amour dans toute sa beauté.

5

L'amour est le fondement d'une vie heureuse mais, consciemment ou inconsciemment, nous oublions cette vérité. Lorsque nous omettons d'exprimer notre amour en paroles et en actes, il est comme du miel coincé dans un rocher : il ne sert à personne. Lorsque, au sein même des familles, chacun parvient à exprimer son amour aux autres, la paix et l'harmonie règnent dans les foyers comme dans la société.

6

Quand on voit autrui comme soi-même, il n'est plus question d'individualité. La compassion est le langage que l'aveugle peut voir et le sourd entendre. Tendre la main pour secourir une âme délaissée, nourrir ceux qui ont faim, accorder un regard plein de compassion à ceux qui sont tristes ou rejetés, c'est là le langage même de l'amour.

7

Si nous mettons notre cœur et notre âme dans nos actions, elles deviendront une source puissante d'inspiration. Dans le fruit d'une action faite avec amour, on peut discerner la présence de vie et de lumière. Cette réalité d'amour possède un immense pouvoir d'attraction sur les esprits et les cœurs.

8

La source de tout événement marquant, inoubliable, c'est le cœur. Tout acte qui impose le respect jaillit de l'amour et d'une attitude d'abnégation. Si vous recherchez l'origine d'une noble cause, vous trouverez toujours quelqu'un qui a renoncé à tout et y a consacré sa vie.

9

Si nous comprenons que tout amour, qu'il s'agisse de celui d'un mari, d'une femme, d'un enfant, d'un animal qui prend soin de ses petits, ou d'une plante, provient d'une seule et même source divine, alors notre amour aura la lumineuse fraîcheur du clair de lune. Si nous cultivons cette compréhension, notre vie sera harmonieuse.

10

Trouvez votre harmonie intérieure, ce beau chant de vie et d'amour. Allez vers ceux qui souffrent, servez-les. Apprenez à faire passer les autres avant vous-mêmes, mais ne tombez pas amoureux de votre propre ego sous prétexte de servir les autres. Restez maître de votre esprit et de votre ego. Prenez tout le monde en considération car chacun est une porte d'accès vers votre Soi.

11

Le travail peut être épuisant et dissiper toute notre énergie mais l'amour, lui, ne connaît ni la fatigue ni l'ennui. L'amour remplit notre cœur d'une énergie toujours plus grande. Il rend toute chose éternellement nouvelle et fraîche. Lorsque notre existence est ancrée dans le pur amour, peut-on jamais connaître l'ennui ? L'ennui surgit lorsqu'il n'y a pas d'amour. L'amour donne à la vie une fraîcheur inépuisable.

12

Si nous avons l'amour pur, rien d'autre n'est nécessaire. Cet amour conduit à l'absorption totale. L'amour pour le But et la détermination de l'atteindre nous amènent automatiquement à pardonner et à oublier toute blessure ; l'abnégation devient alors une attitude naturelle.

13

Plus vous vous consacrez à cette quête, plus vous vous ouvrez. Plus vous restez ouverts, plus vous faites l'expérience de l'amour. Plus vous donnez d'amour, plus vous recevez de grâce. C'est cette grâce qui vous mènera au but.

14

Le pur amour est un constant renoncement : renoncer à tout ce qui vous appartient. Et qu'est-ce qui vous appartient réellement ? Uniquement l'ego. L'amour consume dans ses flammes toute idée préconçue, tout préjugé, tout jugement, toutes ces choses qui émanent de l'ego.

15

Comprenez que la béatitude infinie se trouve en vous-mêmes. Lorsque l'amour qui est en vous s'exprime dans vos actes, alors, vous faites l'expérience du vrai bonheur.

16

Lorsque vous êtes heureux, votre cœur est ouvert et l'amour divin peut aisément s'y écouler. Lorsque l'amour est installé dans le sanctuaire du cœur, on ne peut qu'être heureux. C'est un cercle : le bonheur attire l'amour et l'amour nous rend heureux.

17

Plongeons suffisamment profond en nous-mêmes et nous découvrirons que c'est le même fil d'amour universel qui relie tous les êtres. C'est l'amour qui unit tout.

18

On ne peut pas dire qu'une goutte d'eau est une rivière. Une rivière est constituée de nombreuses gouttes d'eau qui se meuvent ensemble. C'est l'union de ces gouttes innombrables qui crée le courant. Ensemble, nous devenons une force, une force invincible. Lorsque nous travaillons unis, main dans la main et avec amour, ce n'est pas l'énergie d'une seule vie mais l'énergie de vie collective qui s'écoule harmonieusement, librement. De l'unité de ce courant ininterrompu naîtra la paix.

19

Chaque fois que l'on traverse une période difficile, il est bon de se rappeler : « Je n'attends aucun amour des autres car je n'ai pas besoin qu'on m'aime. Je suis l'Amour, je suis une source intarissable d'amour qui ne donnera jamais que de l'amour à tous ceux qui l'approcheront. »

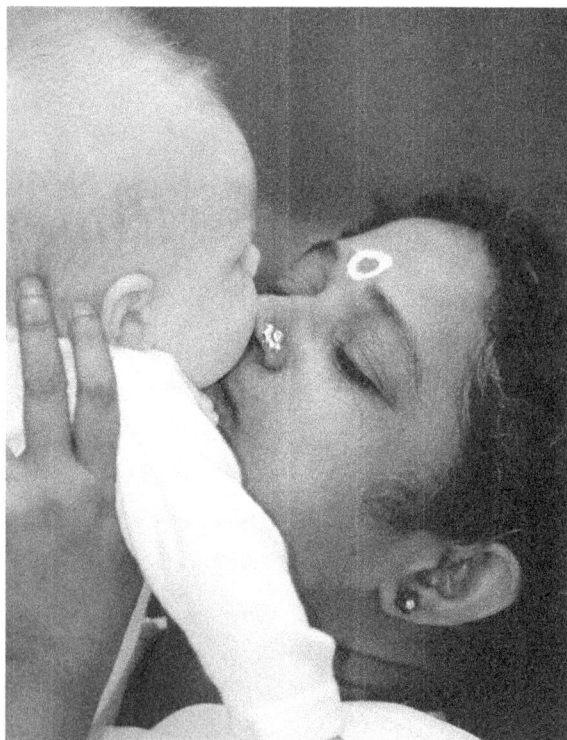

20

On ne peut rejeter le pur amour. On ne peut que l'accueillir le cœur ouvert. Lorsqu'un enfant sourit, qu'il soit l'enfant de votre ami ou celui d'un ennemi, spontanément, vous répondez à son sourire, car l'amour de l'enfant est pur et innocent. Le pur amour est semblable à une belle fleur au parfum irrésistible.

21

Le pouvoir du pur amour est infini. Dans le véritable amour, on transcende le corps, les pensées et toutes les peurs. L'amour est le souffle de l'âme. C'est notre force de vie. L'amour pur et innocent rend toute chose possible. Lorsque votre cœur est rempli de cette pure énergie d'amour, la tâche la plus impossible devient aussi facile que de cueillir une fleur.

22

Plus vous donnez d'amour, plus le Divin en vous s'exprime. Comme l'eau d'une source vive qui ne tarit jamais, quelle que soit la quantité qu'on en puise, plus nous exprimons la bonté, plus elle grandit en nous.

23

La vie et l'amour ne sont pas deux : ils sont aussi inséparables qu'un mot et son sens. Nous naissons dans l'amour, vivons dans l'amour et enfin nous fondons dans l'amour. La vérité, c'est qu'il n'y a pas de fin à l'amour. C'est seulement dans l'amour que la vie peut jaillir et fleurir. Puisque l'amour est notre nature innée, rien ne peut exister sans le soutien de cette force.

24

L'amour peut tout accomplir, il n'est aucun problème que l'amour ne puisse résoudre. Il peut soigner des maladies, guérir les cœurs et transformer les esprits. L'amour nous permet de surmonter tous les obstacles. L'amour nous aide à faire disparaître toutes tensions, qu'elles soient physiques, intellectuelles ou mentales, et donc apporte la paix et le bonheur. L'amour est l'ambroisie qui donne à la vie charme et beauté.

25

L'amour est une religion universelle. C'est ce dont la société a vraiment besoin. Nous devrions exprimer l'amour dans toutes nos paroles et nos actions. L'amour et les valeurs spirituelles inculquées par les parents sont les plus grands atouts d'un enfant pour affronter les défis variés de la vie d'adulte.

26

Une relation parfaite entre l'homme et la nature crée un champ d'énergie circulaire dans lequel l'un et l'autre entrent en communion. Si nous, les êtres humains, tombons amoureux de la nature, elle tombera amoureuse de nous. Elle cessera de nous cacher ses secrets. Ouvrant sa mine de trésors infinie, elle nous laissera jouir de sa richesse. Comme une mère, elle nous protégera et nous nourrira.

27

Lorsque nous nous aimons les uns les autres sans attente, nul besoin d'aller ailleurs en quête du paradis. L'amour est le fondement d'une vie heureuse. Comme notre corps a besoin d'une alimentation saine pour vivre et grandir, l'amour est la nourriture même de l'âme.

28

Nous ne pouvons changer la nature des autres par la colère. Seul l'amour peut les transformer. Comprenez-le et efforcez-vous d'éprouver de la bienveillance et de l'amour pour tous. Soyez plein de compassion même envers ceux qui vous irritent. Essayez de prier pour eux. Une telle attitude aidera votre esprit à rester calme et serein. Lorsque l'on s'améliore, les schémas action-réaction cessent et le cœur s'ouvre à des qualités bénéfiques telles que le pardon, la tolérance et l'harmonie.

29

C'est le partage désintéressé qui donne parfum et beauté à la fleur de la vie. Lorsqu'une fleur s'épanouit, son odeur parfumée se répand autour d'elle. De même, lorsque l'amour désintéressé s'éveille en nous, il s'écoule vers le monde comme une rivière.

30

Il y a en vous une source intarissable d'amour. Si vous savez y puiser correctement, l'énergie divine d'amour remplira votre cœur et grandira à l'infini. Vous ne pouvez forcer ce processus, vous pouvez seulement adopter la bonne attitude intérieure, et cela se produira naturellement.

31

Le véritable amour se trouve dans le cœur. Cet amour, on ne peut ni en parler ni même le formuler. Les mots appartiennent à l'intellect. Allez au-delà des mots et du langage, directement dans le cœur. Lorsque l'on aime vraiment, l'intellect se vide ; on ne pense plus : plus de pensées, plus de mental, plus rien. Seul l'amour demeure.

32

L'amour et la beauté résident en vous. Essayez de les exprimer dans vos actions et vous accéderez sûrement à la source de la béatitude.

33

Faites votre travail et remplissez vos devoirs de tout votre cœur. Essayez de travailler de manière désintéressée, avec amour. Lorsque vous vous donnerez complètement dans tout ce que vous faites, vous ferez l'expérience de la beauté et de l'amour dans toutes vos actions.

34

Le but de la spiritualité est de transformer notre amour limité en amour divin. Pour cela, regardons ce que nous pouvons donner aux autres et non ce que nous pouvons prendre. Cela amènera une grande transformation dans notre vie.

35

Qu'il soit spirituel ou profane, l'amour reste l'amour. La différence réside dans sa profondeur et son intensité. L'amour spirituel ne connaît pas de limite ni de frontière, alors que l'amour du monde est superficiel et limité. Éveillez-vous à cette connaissance : « Je suis le Soi suprême, je suis illimité, et en moi se trouve un potentiel infini. »

36

Si le soleil se reflète dans mille pots remplis d'eau, il y a plusieurs reflets mais tous réfléchissent le même soleil. De la même façon, si nous venons à connaître notre être réel, c'est nous-mêmes que nous verrons en chacun. Lorsque cette compréhension s'éveille, nous apprenons à prendre les autres en considération et à voir au-delà de leurs faiblesses. De là, le pur amour naîtra en nous.

37

Lorsque s'éveille en nous le sentiment maternel universel, nous éprouvons amour et compassion non seulement envers nos propres enfants, mais envers tous les humains, les animaux, les plantes, les rochers et les rivières : un amour qui s'étend à toute la nature, à tous les êtres. Quiconque, homme ou femme, a le courage de surmonter les limites du mental, aura accès à ce sentiment maternel universel.

38

L'amour ne peut contenir deux. Il ne contient qu'un. Dans le souvenir exclusif et constant de l'amour, le « toi » et le « moi » disparaissent et se dissolvent. Seul l'amour demeure. L'univers tout entier est contenu dans cet amour pur et indivisible. L'amour n'a pas de fin ; rien ne peut en être exclu.

39

Ce qui est difficile, ce n'est pas d'exprimer l'amour, mais de lâcher l'ego. L'amour est notre vraie nature. Il est déjà là, en nous, mais nos limites individuelles nous retiennent. Afin de se fondre dans l'amour universel, il faut sortir de son individualité. L'ego s'interpose sur la voie de l'amour. Lorsqu'il aura disparu, nous deviendrons une rivière qui s'écoule.

40

Le vrai temple, c'est votre cœur. C'est là que vous devez installer Dieu. Les bonnes pensées sont les adorations ; les bonnes paroles sont les hymnes. L'amour est l'offrande divine.

41

Il y a dans le pur amour une soif insatiable. Cette soif, on l'observe et on la connaît aussi dans l'amour ordinaire mais elle atteint son apogée dans l'amour de Dieu. Chez un vrai chercheur, l'amour ressemble à un feu de forêt, mais plus dévastateur encore. L'être tout entier brûle avec l'intensité de ce feu d'amour. Ce bûcher ardent le consume et il se fond entièrement en Dieu.

42

L'amour ne s'enseigne pas, on ne peut l'apprendre dans une institution. En présence d'un maître parfait, il est possible de le percevoir et de le développer peu à peu. Le satguru (le vrai maître) crée les conditions favorables pour que l'amour grandisse en nous. Les situations créées par le maître sont si belles et inoubliables que nous chérirons ces moments comme un trésor inestimable. Ces doux souvenirs resteront à jamais gravés dans notre mémoire.

43

Les situations créées par le guru forment une chaîne de souvenirs enchanteurs qui soulèvent en nous des vagues et des vagues d'amour, jusqu'à ce qu'il ne reste plus que l'amour. C'est ainsi que, peu à peu, le guru dérobe notre cœur et notre âme pour nous remplir d'un amour pur et innocent.

44

Il y a « amour » et Amour. Vous aimez votre famille : vos père, mère, frères et sœurs, mari, femme etc..., mais vous n'aimez pas votre voisin. Vous aimez votre fils, votre fille, mais vous n'aimez pas tous les enfants. Vous aimez votre religion, mais vous n'aimez pas toutes les religions. De la même manière, vous aimez votre pays mais vous n'aimez pas tous les pays. Par conséquent, ce n'est pas de l'Amour, seulement de l'« amour. » Transformer cet « amour » en Amour est le but de la spiritualité.

45

L'amour surgit soudainement dans le cœur ; il est une aspiration à l'unité, inévitable, inéluctable. Personne ne se demande comment aimer, où et quand aimer. La pensée rationnelle fait obstacle à l'amour. L'amour est au-delà de la logique, donc, n'essayez pas d'être rationnel en matière d'amour. Cela reviendrait à vouloir comprendre pourquoi la rivière coule, la lune brille, le ciel est vaste et profond et la fleur est belle et parfumée. En les analysant, on tue leur beauté et leur charme. On les apprécie, on en fait l'expérience, on les aime et les sent. Si vous les rationalisez, vous passerez à côté du charme et de la beauté des sentiments qu'inspire l'amour.

46

Ne sous-estimons pas le rôle d'une mère. Une mère a une influence considérable sur ses enfants. Lorsque nous voyons des individus heureux, en paix, des enfants bien disposés, présentant de belles qualités ou des hommes qui font preuve d'une force inébranlable devant l'échec et l'adversité ; lorsque nous voyons des personnes manifester beaucoup de compréhension, de bienveillance, d'amour et de compassion envers ceux qui souffrent ou bien encore se donner aux autres, nous constatons la plupart du temps que, si elles sont ce qu'elles sont, c'est qu'une mère exemplaire les a inspirées.

47

Ce sont les mères qui sont le plus à même de semer les graines d'amour, de fraternité universelle et de patience dans nos esprits. Il existe un lien particulier entre une mère et son enfant. Les qualités de la mère se transmettent à l'enfant par le lait maternel. Une mère comprend le cœur de l'enfant ; elle le comble de son amour, lui apprend à tirer les leçons positives de la vie et corrige ses erreurs.

48

Puisse l'arbre de votre vie être fermement enraciné dans le terreau de l'amour. Puissent les bonnes actions en être les feuilles, les paroles de bonté en être les fleurs et la paix en être le fruit. Puissions-nous grandir et nous épanouir comme une seule famille, unie dans l'amour.

49

Trouver son véritable Soi et aimer tous les êtres sans distinction sont une seule et même chose. C'est seulement quand on apprend à aimer toutes les créatures également que l'on goûte la vraie liberté. Jusque là, un être n'est pas libre, il est l'esclave de l'ego et du mental.

50

Comme le corps a besoin de nourriture pour survivre et grandir, l'âme a besoin d'amour. L'amour insuffle la force et la vitalité que même le lait maternel ne peut fournir. Tous, nous vivons pour connaître l'amour véritable et nous y aspirons. Nous sommes nés et allons mourir en quête d'un tel amour. Mes enfants, aimez-vous les uns les autres et unissez-vous dans cet amour pur.

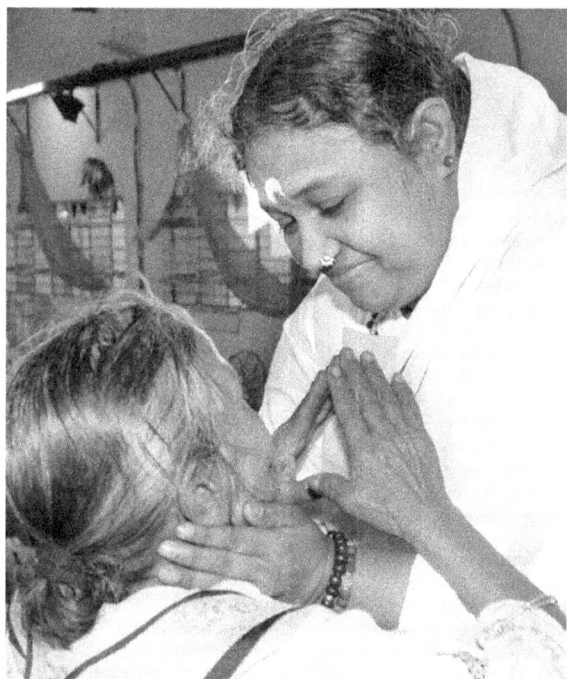

51

Nul n'aime autrui plus que lui-même. Tout amour cache une quête égoïste de bonheur. Si un ami ne nous apporte pas le bonheur que nous en attendons, il devient un ennemi. Voilà ce que nous constatons dans le monde. Seul Dieu nous aime d'un amour pur. On ne peut apprendre à aimer et à servir les autres de manière désintéressée qu'en aimant le Divin.

52

L'amour pur est le meilleur remède pour le monde moderne. C'est ce qui manque dans toutes les sociétés. La racine même de tous les problèmes, à l'échelle personnelle comme à l'échelle mondiale, c'est l'absence d'amour. L'amour est le facteur qui relie, la force universelle qui unifie. L'amour crée un sentiment d'unité alors que la haine et l'égoïsme engendrent des divisions et morcellent les esprits. L'amour devrait régner. Il n'existe pas de problème que l'amour ne puisse résoudre.

53

Pour que l'amour se développe en nous, il faut demeurer dans un lieu propice à sa croissance. Vivre en présence d'un Maître parfait est le meilleur moyen de développer l'amour. Le guru vous aide en créant les circonstances nécessaires pour remplir votre cœur d'amour. Ces circonstances ne sont pas seulement extérieures mais aussi intérieures. Le maître travaille directement sur les vasanas (tendances latentes) du disciple qui constituent les obstacles majeurs sur la voie de l'amour.

54

La véritable croissance se produit dans l'unité née de l'amour. Le lait venant du sein de la mère nourrit le bébé, donne force et vitalité à son corps et permet à tous les organes de se développer sainement et en proportion. Mais ce n'est pas seulement le lait qui vient du sein, c'est la chaleur, l'amour et l'affection de la mère sous la forme de lait. Ainsi, l'amour est « le lait maternel » qui aide la société à grandir comme un tout. L'amour fournit la force et la vitalité nécessaires à la société pour croître sans division.

55

Les Mahatmas sont des ponts qui nous relient à Dieu. Ils ne rejettent rien. Ils sont comme une rivière, embrassant et acceptant tout ce qui y coule. Le plaisir et la douleur sont les deux rives de la vie. Les Mahatmas les acceptent avec équanimité et vont de l'avant. En même temps, ils sont au-delà des pensées et des émotions. Ils sont attachés à tous et pourtant ne sont liés par rien. Il est facile pour un cœur plein d'amour et de foi d'établir un lien avec eux.

56

Une foi inébranlable et un amour innocent permettent d'accéder à des dimensions inaccessibles à l'intellect et à la logique.

57

Vous ne pouvez ressentir l'amour qu'en l'exprimant. Le but de nos pratiques spirituelles est d'apprendre à pardonner aux autres leurs erreurs et à les aimer plutôt qu'à les rejeter. N'importe qui peut rejeter les autres mais il est très difficile d'accepter tout le monde. Par l'amour, nous pouvons conduire les autres de l'erreur à la vérité alors que si nous renions quelqu'un pour ses erreurs, il risque de les répéter.

58

Nous aimons les autres parce qu'ils nous apportent du bonheur ou comblent nos désirs ; ils nous obéissent, nous respectent ou ont une haute opinion de nous. Dans le cas contraire, nous ne les aimons pas. Si quelqu'un nous hait, la vengeance vient le plus souvent remplacer l'amour. Cela vaut aussi pour nos proches. S'ils nous désobéissent ou nous manquent de respect, il y a des chances pour que nous ne les aimions plus. L'amour réel est pur de tout égoïsme. Nous devrions être capables d'aimer sans rien attendre de personne.

59

L'absence complète d'aversion ou d'hostilité : tel est l'amour. Quand toute aversion disparaît de l'esprit, celui-ci se transforme en amour. Il devient comme du sucre : chacun peut le goûter et apprécier sa douceur sans avoir à donner quoi que ce soit en échange. Lorsque vous êtes capable d'aimer et de servir l'humanité, vous devenez une nourriture pour le monde.

60

Mes enfants, l'amour divin est notre véritable nature. Il brille en chacun de nous. Lorsque le cœur est plein d'un amour innocent, vous êtes absent, l'ego est absent. Dans cet état, seul l'amour existe ; l'individualité disparaît, et vous ne faites qu'un avec le Divin.

61

Quand un enfant offre quelque chose, on ne peut pas refuser car l'amour d'un enfant est pur. Dans cet amour innocent, authentique, il n'y a plus de dualité dans les sentiments, tels que le pur et l'impur, le bien le mal etc., il n'y a que l'amour. L'amour pur ne peut être rejeté.

62

L'amour coule, voilà tout. Ceux qui ont le désir de s'y plonger sont acceptés tels qu'ils sont, sans condition ni modalité. Si vous ne souhaitez pas faire le saut, qu'y peut l'amour ? Le courant reste là où il est. Il ne dit jamais « non. » Il ne cesse de dire « oui, oui, oui. »

63

Lorsque votre cœur s'ouvrira, vous verrez que le soleil a toujours brillé et que le vent a toujours soufflé, portant le doux parfum de l'amour divin. Il n'y a pas de condition, il n'y a rien à forcer. Permettez simplement à la porte de votre cœur de s'ouvrir, et vous verrez qu'elle n'a jamais été fermée. Cette porte a toujours été ouverte, mais dans votre ignorance, vous l'aviez crue fermée.

64

Une fois que tous les attachements sont tombés, qu'ils concernent des individus, des objets ou des centres d'intérêts, l'amour réel peut naître. La bataille se transforme alors en un jeu magnifique dans lequel le service désintéressé, qui s'étend à l'humanité toute entière, jaillit de l'amour et de la compassion. Dans cette lutte, ce n'est pas l'ego qui combat, c'est l'amour, afin de consumer l'ego et de le transformer en amour. Dans la lumière de cet amour, l'ombre de la peur disparaît.

65

En cet âge de la science, règne de l'intellect et de la raison, nous avons oublié les sentiments du cœur. Une expression commune dans toutes les langues est : « Je suis tombé amoureux. » Oui, nous sommes tombés bien bas dans un amour fondé sur l'égoïsme et le matérialisme. Nous sommes incapables de nous élever et de nous éveiller dans l'amour. Si nous devons tomber, que ce soit de la tête vers le cœur. S'élever en amour : c'est toute la spiritualité.

66

Lorsqu'on aime, un flot continu et ininterrompu de pensées se dirige vers l'objet aimé, sur lequel convergent toutes nos pensées. C'est l'unique objet de nos pensées. Donc, pour aimer vraiment, la concentration est indispensable et pour vraiment se concentrer, il faut aimer l'objet, quel qu'il soit. L'un ne va pas sans l'autre. Un scientifique qui fait des expériences dans son laboratoire a besoin d'une grande concentration. D'où lui vient-elle ? D'un intérêt intense et profond pour son sujet. D'où provient cet intérêt ?

C'est le fruit de l'amour intense qu'il éprouve pour ce sujet particulier ou ce domaine d'étude. Inversement, si l'on se concentre intensément sur un sujet, l'amour s'ensuit.

67

Essayons de voir la nature des choses telle qu'elle est. Qu'il s'agisse d'un objet ou d'une personne, cette nature ne peut pas être différente de ce qu'elle est. Lorsqu'on a compris cela, on devient capable de répondre au lieu de réagir. La colère n'a pas le pouvoir de changer la nature d'un être ; seul l'amour le peut. Comprenez-le et priez pour lui dans la bienveillance et l'amour. Essayez d'éprouver de la compassion, même envers ceux qui vous contrarient. Cette attitude aidera votre esprit à rester calme et serein. Là est la réponse véritable.

68

Tout ce qui est impur doit devenir pur. Toute impureté doit fondre et disparaître dans la chaleur produite par la douleur de la séparation et l'aspiration à l'amour divin. Cette souffrance s'appelle tapas. Dans cette douleur, les gopis s'identifièrent totalement à Krishna. Ce tourment, intense et insupportable, effaça complètement leur individualité et elles se fondirent dans leur bien-aimé Krishna. L'impureté vient des sentiments du « moi » et du « mien », c'est-à-dire de l'ego. L'ego ne peut disparaître que s'il se consume dans la fournaise de l'amour.

69

L'amour pur est toujours inconditionnel. Là où l'amour est, la force n'est pas. Pour employer la contrainte, il faut percevoir l'autre comme différent de soi. Lorsqu'on ne voit que l'unité, on ne met plus de conditions à l'amour. A ce stade-là, l'idée même de force disparaît. Il ne reste que l'Être. L'énergie de vie universelle s'écoule à travers vous et vous êtes un passage ouvert. Laissez la Conscience suprême enlever ce qui obstrue le courant, pour que la rivière de l'amour, qui embrasse tout, suive son cours.

70

Dans l'amour authentique, il n'y a pas d'attachement. Pour atteindre l'amour suprême, il faut transcender l'étroitesse des sentiments humains. En d'autres termes, l'amour ne peut apparaître qu'avec le détachement. L'Amour requiert une abnégation immense. A certains moments, cela peut causer une grande souffrance, mais cet Amour culmine dans la béatitude éternelle.

71

Dans l'amour pur, il n'y a aucun fardeau. Rien n'est un poids pour l'amour dénué de désir. L'amour vrai peut porter l'univers sans que cela lui pèse. La compassion peut porter sur ses épaules la souffrance du monde entier sans éprouver la moindre douleur.

72

Dieu seul nous aime réellement, sans rien attendre en retour. Mes enfants, si toutes les créatures du monde nous aimaient, cela n'égalerait pas une fraction de l'amour que Dieu nous donne à chaque instant. L'amour de Dieu est incomparable.

73

Au dernier stade de l'amour, l'amant et l'aimé ne font plus qu'un. Au-delà encore se trouve un état où il n'y a plus ni amour, ni amant, ni aimé. Ce stade ultime de l'Amour transcende toute expression. C'est là où le Maître vous amène enfin.

74

La ravissante mélodie qui jaillit de la flûte ne réside ni dans la flûte ni dans les doigts du musicien. Vous pourriez dire qu'elle vient du cœur du compositeur, mais si vous étiez en mesure d'ouvrir ce cœur et d'y jeter un coup d'œil, vous ne l'y trouveriez pas non plus. Quelle est donc la source originelle de la musique ? La source se trouve au-delà ; elle émerge du Paramatman (le Soi Suprême), mais l'ego ne peut reconnaître cette puissance. Afin de voir et de sentir le pouvoir du Divin à l'œuvre dans sa vie, il faut apprendre à fonctionner à partir du cœur.

La fleur n'a pas besoin qu'on lui enseigne comment s'épanouir, pas plus que le rossignol n'a besoin d'un professeur de musique pour savoir chanter. C'est spontané. Rien n'est forcé, cela se produit naturellement. Ainsi, en présence d'un grand Maître, le lotus fermé de votre cœur s'ouvre. Vous devenez réceptif et innocent comme un enfant. Le Maître ne vous enseigne rien ; vous apprenez tout sans que personne ne vous l'enseigne. Sa présence, sa vie même, est le plus grand enseignement qui soit.

Nul besoin de force ni de contrôle, tout se produit naturellement et sans effort. Seul l'amour peut accomplir ce miracle.

76

Un rishi (un saint) ne crée jamais de divisions. Cela le rend capable d'aimer réellement car il a sondé les mystères de son propre Soi, le cœur même de la vie et de l'amour. Il fait l'expérience de la vie et de l'amour partout. Pour lui, il n'existe que la vie et l'amour, resplendissant de tout leur éclat, de toute leur gloire. C'est donc lui le « vrai scientifique. » Son expérience se déroule dans le laboratoire intérieur de son être, et il demeure à jamais établi dans un état d'amour et d'unité parfaits.

77

En l'absence de désirs, il n'y a pas de chagrin. Nous devons être capables d'aimer chacun sans rien attendre en retour. Il n'est pas facile d'aimer tout le monde, mais au moins, essayons de ne pas nous mettre en colère et de ne blesser personne. Nous pouvons partir de là. Imaginons que chaque personne nous est envoyée par Dieu ; nous serons alors capables d'exprimer de la bonté et de l'amour envers tous.

78

Un être spirituel devrait être pareil au vent. Lorsque nous percevons l'unité de la vie, notre esprit s'élargit, notre cœur s'ouvre et notre amour s'étend à toute la création. La première condition, outre de garder le souvenir de Dieu, est d'aimer toute créature et toute chose, qu'elle soit animée ou inanimée. Si nous avons cette ouverture de cœur, la libération n'est pas loin.

79

L'amour pur transcende le corps. C'est un cœur à cœur qui n'a rien à voir avec le corps. Dans un tel amour, on ne trouve ni barrière, ni restriction. Le soleil a beau être très éloigné, ses rayons font éclore les fleurs de lotus. L'amour pur ignore les distances.

80

L'amour est le seul langage que tout être humain peut comprendre. Il est universel. La paix et l'amour sont les mêmes pour tous. Comme le miel, l'amour est toujours doux. Soyez comme l'abeille qui recueille le nectar de l'amour où qu'elle aille. Voyez le bon en chacun et en toute chose.

81

Trois formes d'amour nous éveillent intérieurement : l'amour de soi, l'amour de Dieu et l'amour de la création entière. L'amour de soi n'est pas l'amour autocentré de l'ego. C'est l'amour de la vie, la capacité de voir les succès de cette vie humaine aussi bien que les échecs comme des bénédictions de Dieu, c'est l'amour du pouvoir divin qui réside en nous. Il prend alors la forme de l'amour de Dieu. Si ces deux éléments sont réunis, alors le troisième, qui est l'amour de toute la création, se manifestera de lui-même.

82

Seul le cœur peut nous guider mais nous l'avons oublié. En réalité, l'amour n'a pas de forme. C'est seulement lorsque cet amour s'écoule constamment d'un être qu'il prend forme et que nous pouvons en faire l'expérience, sinon c'est impossible. En présence d'un cœur plein d'amour et de compassion, votre propre cœur s'ouvrira spontanément, comme une fleur qui s'épanouit. Le bouton fermé de votre cœur s'ouvre sous l'influence de l'amour.

83

L'amour ne peut rien forcer. L'amour est présence de la pure conscience ; cette présence n'emploie jamais la force. Elle est, simplement. L'énergie de l'amour pur est en vous, mais elle doit s'éveiller.

84

L'amour ordinaire est par nature inconstant. Son rythme est fluctuant ; il va et vient. Au début, c'est toujours beau, on est plein d'enthousiasme, mais, peu à peu, la beauté s'estompe, l'attrait diminue et l'amour devient superficiel. Dans la plupart des cas, l'amour profane se termine dans la contrariété, la haine et le chagrin profond. A l'inverse, l'amour spirituel a la profondeur d'un puits sans fond ; sa profondeur et son étendue sont incommensurables.

L'amour spirituel est différent de l'amour profane. Au début, il est beau et tranquille, mais rapidement, après ce début tranquille, vient la douleur de l'aspiration intense. Ensuite, cette souffrance ne fait que croître, devenant de plus en plus intense et de moins en moins supportable. Il s'ensuit un tourment intolérable, jusqu'au moment qui précède l'union avec le Bien-aimé. Cette union est encore bien plus belle et inexprimable que le début de l'amour. Un tel amour ne tarit jamais et ne peut décroître. L'amour spirituel est toujours vivant, à l'extérieur comme à l'intérieur ; il est constant, et vous vivez alors chaque instant dans l'amour.

86

L'amour vous engloutit, vous dévore complètement jusqu'à ce qu'il n'y ait plus de « vous. » Votre être tout entier est transformé en amour. L'amour spirituel culmine dans l'unité, dans l'Un.

87

Dieu est l'amour pur et innocent qui réside dans les profondeurs de votre cœur. Apprenons à aimer chacun de manière égale et à exprimer cet amour, car en essence, nous sommes tous un, un Atman, une seule âme. L'amour est le visage de Dieu.

88

L'essence du sentiment maternel ne se limite pas aux femmes qui ont enfanté ; c'est un principe qui se trouve chez les hommes comme chez les femmes. C'est une attitude de l'esprit. C'est l'amour, et cet amour est le souffle même de la vie. Lorsque ce sentiment maternel universel s'éveille, l'amour et la compassion pour tous sont aussi naturels que le fait de respirer.

89

L'amour est le fondement de tout ce qui est. Si nous regardons en profondeur, dans tous les aspects et domaines de la vie, nous constaterons que, caché en-deçà de toute chose, se trouve l'amour. L'amour est le pouvoir, l'énergie et l'inspiration d'où jaillissent chaque mot et chaque action.

90

Aimer tous les êtres de manière égale, c'est la condition pour connaître la vraie liberté. Sans amour, il n'y a pas de liberté, et sans liberté, il n'y a pas d'amour. La liberté éternelle apparaît lorsque toute notre négativité a été déracinée. Dans cet état d'amour universel, la belle fleur parfumée de la liberté et de la béatitude suprême peut déployer ses pétales et s'épanouir.

91

Plus l'amour devient subtil, plus il gagne en force. Vous verrez que plus vous descendez profond dans le cœur, plus vous vous élevez dans l'amour. Finalement, vous atteignez un état d'identification totale avec le Bien-aimé ; vous comprenez que vous n'êtes pas séparés. Alors vous ne faites plus qu'un. C'est l'étape ultime, le sommet de l'amour véritable. C'est là que l'amour devrait nous conduire.

Nous sommes tous des incarnations de l'amour suprême. L'amour est semblable à une échelle. Ne vous contentez pas de rester sur le barreau inférieur, comme le font la plupart des gens. Continuez à grimper, un barreau à la fois. Du barreau le plus bas, c'est-à-dire du plan des émotions, montez jusqu'au plus haut : l'état d'être ultime, la forme d'amour la plus pure.

93

Le véritable amour est la forme d'énergie la plus pure. Dans cet état, l'amour n'est pas une émotion ; c'est un flot continu de pure conscience et de puissance illimitée. Aimer ainsi, c'est comme respirer. Vous ne déclarez jamais : « Je vais respirer seulement devant ma famille et mes proches, jamais devant mes ennemis ou ceux que je déteste. » Non, où que vous soyez, quoi que vous fassiez, la respiration se fait naturellement. De la même manière, l'amour réel donne à tous, sans faire de différence, sans rien attendre en retour. Soyez celui qui donne, non celui qui prend.

C'est le soin et la patience que nous apportons aux petits détails qui font les grandes œuvres. Si vous avez de la patience, vous éprouverez aussi de l'amour. La patience mène à l'amour. Si vous cherchez à ouvrir de force les pétales d'une fleur en bouton, vous ne pourrez apprécier ni sa splendeur ni son parfum. Pour que sa beauté et son parfum se révèlent, il faut qu'elle s'épanouisse naturellement. Ainsi, la patience est nécessaire pour apprécier la beauté de la vie.

95

La boucle d'oreille, le bracelet de cheville, la boucle de nez et le collier, en essence, sont tous en or ; seule leur apparence diffère. De même, c'est une seule et unique Divinité qui imprègne toute chose et se manifeste dans la diversité de ce monde des noms et des formes. Si nous avons réellement compris cette vérité, dans toutes nos pensées, paroles et actions se reflèteront les qualités d'amour, de compassion et d'abnégation.

96

Être capable d'aider sans rien attendre en retour, c'est le véritable service. C'est la force même qui soutient le monde. L'amour et le service dévoué forment un cercle : un cercle n'a ni commencement, ni fin. L'amour n'a pas de commencement, pas de fin non plus. Le service désintéressé permet de construire un pont d'amour qui nous réunit tous.

97

Il n'existe pas de travail insignifiant ou dénué de sens. C'est le degré d'amour et d'attention avec lesquels vous travaillez qui lui donne beauté et sens. La grâce s'écoule lorsque le travail s'accompagne d'une attitude humble. L'humilité lui donne une certaine douceur.

98

Comme l'amour, l'abandon de soi ne s'étudie pas et ne s'apprend pas, ni dans les livres, ni d'une personne, ni à l'université. L'abandon de soi se produit lorsque l'amour grandit. En fait, les deux croissent simultanément. A l'étape finale, il faut s'abandonner à son véritable Soi, mais c'est un acte qui exige beaucoup de courage. Il faut de l'audace pour sacrifier l'ego. Cela implique de tout accueillir et de tout accepter sans le moindre chagrin, sans la moindre déception.

99

L'intellect et le cœur doivent s'unir pour ne faire qu'un ; alors la grâce divine s'écoulera en nous et nous comblera.

100

L'amour de Dieu est nécessaire pour progresser sur le chemin spirituel. Aimer Dieu ne consiste pas uniquement à aimer une personne, une image ou une idole. Cela n'est que le début de l'amour. Aimer Dieu réellement, c'est aimer tous les aspects de la création, c'est voir le Divin en tout et en chacun.

101

Regardez un forgeron travailler : il commence par chauffer une tige de fer pour la faire fondre, puis il la martèle et lui donne la forme qu'il désire. De même que la tige doit être fondue, laissez le guru fondre votre cœur dans le feu de l'amour et le modeler ensuite avec le marteau de la connaissance.

102

Seul celui qui a reçu de l'amour peut en donner. Qui n'a jamais reçu d'amour aura toujours le cœur fermé et ne pourra jamais en recevoir ou en donner. Il est donc très important que les parents donnent de l'amour à leurs enfants.

103

Celui qui est capable d'aimer tous les êtres de manière égale est celui qui aime vraiment Amma.

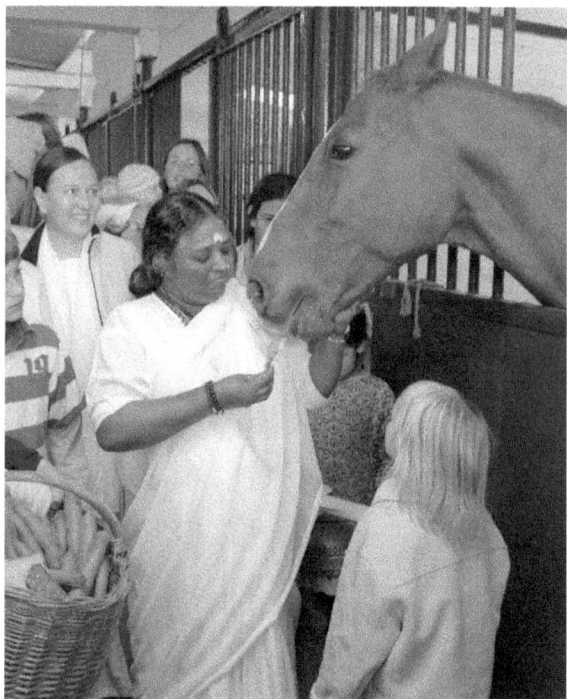

104

Lorsque nous comprendrons combien l'amour de Dieu est sublime et à quel point nos attachements au monde sont insignifiants, nous serons en mesure de les abandonner tous. Les fleurs d'un arbre se fanent pour lui permettre de porter des fruits. Lorsque le fruit se forme, toutes les fleurs tombent spontanément.

105

L'amour dont vous faites l'expérience est proportionnel à l'amour que vous donnez.

106

Mes enfants, tout l'amour que le monde peut nous offrir mène finalement au chagrin. L'amour désintéressé n'existe pas ici-bas. Nous croyons pouvoir être heureux en obtenant l'amour des autres, mais le bonheur n'est pas un objet, il réside à l'intérieur de nous. Le vrai bonheur et la paix éternelle ne peuvent venir que de l'Amour divin, et cet Amour naît de la vision de l'unité de la création.

Seule la souffrance engendrée par l'amour peut démanteler l'ego. Le jeune plant apparaît lorsque l'enveloppe extérieure de la graine éclate et s'ouvre ; ainsi, le Soi s'épanouit lorsque l'ego se brise et disparaît. S'il se trouve dans une atmosphère propice, l'arbre qui était en puissance dans la graine commence à se sentir à l'étroit, emprisonné dans cette enveloppe. Il aspire à voir le jour et à se libérer. C'est l'intensité de ce sentiment d'urgence chez cet arbre latent qui brise l'enveloppe et l'ouvre. Le processus est douloureux mais cette douleur n'est rien en comparaison de la magnificence de l'arbre qui va se manifester. Une fois que la graine s'est développée, l'enveloppe devient insignifiante. Ainsi, lorsque l'on atteint la Réalisation du Soi, l'ego perd toute importance.

108

L'amour pur, immaculé, désintéressé est le pont qui mène à Dieu.

www.ingramcontent.com/pod-product-compliance
Lightning Source LLC
Chambersburg PA
CBHW070608050426
42450CB00011B/3018